세상살이 한마디

임병무 시집

| 自 序 |

세상을 살아가면서 조용히 세상에 외치고 싶은 소리가 있으면 어떻게 할까? 친구도 없는 지금에는 무슨 문제가 남아 있는지를 혼자서 생각해 볼 것이다.

귀에 못이 박히도록 들었다.
세상이 잊어버린 수원의 한 독립군을…

무엇이 문제인 줄은 알았지만 소리칠 수 없었다. 뭇사람들에게 관심 밖의 이야기를 괜히 끄집어내어, 떠드는 우스운 꼬라지가 될 때가 한 두번이 아니었다.

자료도 부족하고 손자의 이야기 인지라 참으로 증거해 내기가 쉽지 않았다. 그런데 어쩌다 친구의 말이 아닌가? 일단 시작은 삼일상고 연극반 아이들과 2005년부터 시작했다. 경기도 〈삼일 만세 기념〉 식장에서 공연하고, 전국 순회공연을 떠났다. 무슨 용기로 일을 저질렀는지 모른다. "아마 친구에게 마음에 부채가 있었던 것 같다. 그렇지만 한 걸음도 진전된 것은 없었다." 하면서 연출의 변을 기술하던 친구는 세상을 떠났고,

참으로 2015년 8월 15일 · 16일 수원 청소년문화센터, 온누리 아트홀에서 〈삼일, 삼일이여!〉, 2018년 11월 11일 수원 청소년문화센터, 온누리 아트홀에서 〈백년의 침묵〉을 정기 공연하였다. 또 〈삼일 만세운동〉, 〈수원 심포니 오케스트라〉, 〈독립 운동가 임면수 기념사업회〉의 사업들은 이어서 성실히 꾸려 나갈 방향이다.

상동교회에 출석하여 신문화를 익히고, 새로운 문화를 꾸려 나가는 시절을 할아버지 임면수는 직접 겪으면서 만주 지역에서 신민회의 활동을 이으시고 독립 운동하셨다.

전현석 여사는 〈의성잔〉이란 상호를 걸고 독립운동하는 이들을 숙소로 운영하셨고, 임면수 교장 선생님은 양성 중학교에서 여러 선생님과 교육사업을 영위하고 독립군을 양성하셨다.

임우상, 임일상님도 국가에 젊음을 받치고 독립운동을 영위 함으로 가족 모두가 독립운동에 기여 했다.

아이의 눈에 비쳐 자연스럽게 활력을 불어넣어 생명감이 살아있는 자신을 겨울 이야기 속에 가두고 깊은 밤을 지새우며 나에게서 결코 멀어져가는 시간을 바라보고, 어둠에 시달리는 환경들이 사라지고 만다.

벽이 막힌 허공을 응시하며 살아온 삶을 돌이켜보고는 눈물을 머금웁니다.

지난 날을 그리면서…

2023년 10월

石松 임 병 무

| 차 례 |

제 1부　불타는 조국의 꿈

제 2부　아이

제 3부 겨울 이야기

제 4부 시 계

제 5부 옹이

제 6부 기도

제 7부 사모곡

제 8부 들풀

제 1부
불타는 조국의 꿈

까투리

내가 자랐던 사진관이 있었지
많은 사진들이 추억의 일부분이었는데
나에게는
그런 이야기를 듣고 그려주는
만주 땅에 일화가 있다
14일 동안 활동 하는 중에 독립군을
밀정 고발로 체포하여 평양 감옥으로 압송하여서
기막힌 고문과 몹쓸 매를 맞아
전신 마비가 되고 했던
그 당시 감옥 죄수 5인의 사진이 보인다
죄수복 앞의 명패에 까만 먹으로 글씨가 써있다
나의 눈에 들어오는 임 필동의 명찰
사진 속의 명함이 밝아진다
임 면수 할아버지 성함이 더욱 빛난다
사진 속에 인물 표정
바라보는 시절을 상상하듯 본다
고인 동지였던 허 영백 옹의 모습과
고인을 기억하고 같이 지냈던 7인의 동지가
살아 있을 때 너름-새을 생각하며
지난날 저의 결혼 사회에서
주례 말씀을 하던
허 영백 옹의 표정이 환해지고 있다

동상 銅像

조용한 바람이 분 다
저 편 구석으로
빗방울도 함께 찾아오는 날
바람이 불어대지만

삼일학교 운동장에 오늘은
1964년 4월 25일 아침
하얀 천막을 치고
추도식이 열리고 있다

세류동 공동묘지에서 이장하면서
동산에 세운 기념비가
수원에서 만주까지 일 들이며
그 와 부인이며 큰아들과 아들까지
작은 목소리가 실린다

숙연한 모습으로
당시 9살의 어린 나이에
이장된 묘지를 가꾸는 아이가
지금은 커서
육십 오세가 되었구나.

몸은 국립묘지에 계시고
동상만이 수원시를 지키며
손에 책 한권을 쥐고
인자한 얼굴에
두 눈을 부라린 채로 계십니다

의 성 잔*

젊음을 그리워 하며
멋있다는 순간을
한결같이 새기고는
가슴속 깊이 지내고 나서는

어느 세월이 든지
저녁노을 그림 속에 비추어
낮게 흐르는
울음이 있고

굳게 맺은 소리를 불러지며
지나 온 날들이
그리워 지는 모습이나
나라를 부르는 소리에 청춘을

수십 년 동안 불러 봤을
임우상 이름을
지금 이 시간도 부르면서
숨을 쉬고 있다

---

*의성잔 : 만주 지역에서 우리나라 독립군들의 기숙사로 전현석여사
께서 운영하셨다.

양성 중학교*

넓은 민족교육의 산실이고
항일운동의 요람 이었다
수업료도 없는 동산에
민족의식은 고취되고

초원의 연병장에 이루어 낸
젊음을 바쳐
교실 내부 공사를 마무리하고
저녁에 낙성식을 치룬 후

거듭되는 천재지변으로
운영이 어렵게 되자
농사를 지워 자급자족하고
둔전병제도를 통해
학교 재정을 충당하였다

만주지역 상황이 열악해지자
동포들을 순방하면서 유지비를 마련키도
썩은 좁쌀과 강냉이로
풀나무죽을 먹으며
군사훈련등을 강행 하였다

* 양성중학교 : 만주지역에 설립되어 운영했던 중학교로, 임면수 교장선생님이 직접 가르치고 생활 하던 학교.처음에 대동 중학교라고 칭 하다가 후에 신흥학교 라고 고쳐다가 다시 양성 중학교로 개칭.

전현석 여사

만세 만세 독립만세
노래가락 터지곤 할뿐 더러
무시로 내닥치는 별동대 특파대
각양 인원 식사를
하루 저녁에도 5, 6차례 짓다보면
어느새 날이 새여 다음날 조반 짓고

더구나 각인각색의 보따리와 물건을 맡아다
챙겨 주어야 하고
군인들의 무기를 간수해 주고
헤어진 옷을 기워주고
젖은 손발을 일일이 만져 주어야 하는
수고와 고생을 어찌 필화로 표현 할 수 있으리오

선생의 합부인께서 원망 한마디 없이
지쳐서 쓰러지는 때가 있으면서도
전현석여사의 인내력과 마음이
누구나 머리를 숙였고
독립의 어머니로 정평이 높았던 것입니다.

독립운동가로서 선생댁에서
잠을 안 잔이가 별로 없고
손수 지은 밥을 안 먹은 이가 없는
독립운동가의 휴식처요
무기 보관서요, 회의실요, 참모실요,
보합처요, 정비실이요, 기관실이요

우상 님

신흥무관학교 중책을 맡아 경비조달과
고국에 잠입 왕래하여
부친을 도와 군자금 모집 하는일 들이
분주한 신흥 무관 학교 교관으로
학생 교육에 전력을 다했으며
구축 동지들이 연경과 보호에 자진하며
그들의 무기와 군수품의 보관과 운송을 도맡아
가난과 역경 속에서도
그들의 뒷바라지에 전력을 다했습니다
1919년 어느날
김세환 등 동지들을 연락하여
군자금 모집 한후
서간도에 귀로 도중 매서운 추위에
십여일 보행길에
동상과 독감에 걸려 귀가 후
혼자서 감당하는 길에 묵묵히 걷는다

일상 님

평양 감옥사이
아버지 자리를 알지 못하고
답답한 퇴만령(退滿令)을 받은
가족사이에
병구를 끌고 직향길림(直向吉林) 하였지만
일상은 역시 독립운동을 결심하고
이청천(李靑天) 부하로 활동할 것을 결의하여
한국이 독립되기 전에는
고향 땅을 밟지 않겠다고 하며
귀향하기를 거부함에 단신 한국한즉
신체에 반신 불수중 발작하여
조국 광복을 약속하게
보지 못한 채 가신지도 오래
지금은 수원의 염석주옹과 젊음을 나누웠던
사진만 덩그러니 남아있다

3 · 1절 날 아침에

아침 해가 붉게 떠오르자
무궁화 꽃이 피었습니다.

3.1절에 기다렸던
경이로운 환한 기대감
그 얼마 만인가
수원 사람들은 모두가 아침에
무궁화 꽃을 보았습니다

하루를 지내며
세상 근심 걱정을 다 버린 채
감동과 전율을 느껴집니다

넝쿨이 얽힌
이끼가 낀 담벼락에 기대
우리 가슴에 울려 울었습니다

제 2부
아 이

아이 1

여름을 지내고
무더운 여름을 지내고
길도 아닌 들길을 가는
집이 없는 아이가
가을 무턱을 넘어 갈 때
잡초 덤블 무성한 밭이랑을 지나다
비를 맞고 있는 풀잎 사이로
눈이 부신 황금빛 호박을
우연히 발견 했습니다
노란 호박꽃이 서너개 피어있는
밭이랑 사이로
탐스러운 둥근 호박이
풀잎 사이로 보였습니다
눈을 번뜩이는 아이는
시장하다는 생각이 들었습니다
아이는 망설이다가
이내 밭이랑에 뛰어 들었습니다
왼발이 덤블에 걸려 넘어지면서
오른발이 웅덩이에 빠졌습니다
하늘도 보였습니다
아이는 혼자 였습니다

아이 2

추수가 한창인
시골 들판에
노을이 지는 그림을 그립니다
그림 속에서
이삭을 줍는 여인을 연상하고
잠을 자는 아이는
생각하고 있을까
그러나 이상 합니다
지는 노을을
등지고 업은 여인은
열심히 이삭을 줍는데
지나 온 세월이
상상이 되지 않은 이유를
알 수조차 없으니
말입니다
추수가 다 끝난 벌판에
차갑고 매서운 바람
소리만 들리는
심한 환청에 시달리는
지나 온 세월
늦게나마 궁금합니다

아이 3

꽃들이 피어있는 산길에
시간의 허물을 남김없이 벗어버린
호랑나비들이
슬픈 영혼을 날리며
바람이 부는 대로
떼를 지어 날고 있습니다
땀을 흘리며 산길을 걷던 아이는
향기를 날리는 꽃들 사이로 오가며
평화롭게 날고 있는
나비의 눈을 보았습니다
슬픈 삶을 보았습니다
허물을 벗어버린 모습이
무척 아름다워서
멀리 날아 갈 것만 같아
산길을 숨이 턱까지 차도록 뛰면서
잡으라고 외칩니다
그러나 산길에 지친 하루해가 질 때
성이 난 호랑나비가
날개를 퍼덕이며 날리는
슬픈 영혼이 묻어서
아이는 호랑나비가 되었습니다

아이 4

낯익은 거리였던 기억이
인적 없는 거리에서
낮잠을 자던 아이는
급한 마음에 쫓기고 있었습니다
돌아 봐도 보이지 않는
그림자가 쫓아오고 있어서
아이는 뛰어 달아나고 있지만
아이는 뛰어 가질 못하고
제자리만 맴돌고 있습니다
가위에 눌려서 헤매고 있는
거리가 무서워
항상 그랬듯이
어머니를 불러 봅니다
그러나 어머니의 음성은
귀에 들리지가 않았습니다
포근하게 느꼈던
어머니의 손길도 느낄 수가 없습니다
찾을 수도 없습니다
두손 모아 생전에 달아 드렸던
카네이션 꽃을
한 아름 묶어 팔고 있는
화원을 확인하고는
눈을 감고서
무서움을 잊을 수가 있었습니다

아이 5

창공에서 날개를 퍼덕이며 날고
구릉진 산을 넘으며
창공에서 붉은 해의 주위를 맴돌고
구름 속으로 사라지다
창공을 화선지 삼아 점을 찍고 다니는
솔개 한 마리를 보았습니다
솔개
어디나 자유롭게 갈 수 있는
멋진 모습이 아이는 좋았습니다
활강하는 모습이 좋았습니다
좋았지만 항상 좋은 것은
아닌 가 봅니다.
구름이 사라진 창공에서
생각지 못한 사건이 생겼습니다
즐겁기만 하던 아이는
부리부리한 눈을 뜨고 하강을 하는
곧추 세워버린 발톱에
겁을 먹을 수밖에 없었습니다
창공에서 멀리 날고 있는 폼만
감상 할 수 있다면
더 할 나위 없이 좋지만
허기를 느끼고 있는 솔개의 눈은
보고 싶지가 않습니다

아이 6

달이 뜨는 밤에 알 수도 없는
아득한 옛날부터
달에 사는 토끼 한 마리
할머니가 들려주던 애기를
기억하던
보름이 아니어도 보이고
구름 속을 유영하던 달그림자에
별을 가리고
별빛이 사라지면
혼자서 외로워 보인다
달이 뜨는 밤에
바람이 부는 지상에서
새벽에 중앙선을 넘어
질주하던
화물 트럭에 횡사한
도둑고양이 한 마리가
아스팔트 찬 바닥에 널부러져
시뻘건 주검을 핥고 있다
주검의 맛을 보고 있다

다 보고 난 뒤에는
잊어버리고
달에서 도둑고양이는 토끼를
만나려 한다
달이 뜨는 밤에 만나서
외로움을
서로 달래려 한다

제 3부
겨울이야기

겨울 이야기 1

날이 밝아오는 소리
들었습니다
수탉이 놀라
창문너머로
고래고래 소리치며 홰를 치는
새벽입니다
달도 별도 없는 벌판에
소리를 죽인 목숨이 매어서
순간에 그림자를 잃고
하늘 그림자를 피해 다니면
어둠, 그곳에 언어들이
불같이 끓어오른다 하여도
떠돌아다니는
기억들이 우글거리며
시야가 가리고 있는
숨이 막히는 순간입니다
먹그름을 헤치고
날아가고픈
날개만 퍼덕이면서
수탉은
놀란 가슴을 조입니다

겨울 이야기 2

읽어버린 동토에 깊은 곳에서
솟아나는 의지의 기상으로
잿빛 하늘에서
새어나오는 빛줄기의
영광스런 소리를 들어보라
군중들아 일어나라
왕조의 유약으로
올바른 정치를 하지 못해
세상살이가 찌들더니
생사병사에 지친 배고픈 무지랑 이들이
백주에 목청을 돋아서
불거진 소리처럼 들리는가
구국의 의지를 높이 받들고
하늘의 뜻을 따라서
젊은 혈기 앞세우고
용진가를 불러대면
삼천리강산에 민족혼을 일으키면
불 같이 일어나서
잃어버린 동토을 찾을 것이다

겨울 이야기 3

어둠 속으로 눈이 내린다
어둠이 한이 서린 푸른 독을 품어
침묵 속으로 침입하고
어둠은 밤을 지배한다
어둠은 혼돈이다
어둠은 쉽게 걷히려하지 않는다
밤은 영하의 추의로
핏발을 곧추세운 눈동자를 굴리고
바로 꽂히는
칼날 같은 눈발이 날리며
서슬이 퍼런 오기를 부린다
빛을 핥아먹을 수가 없어
칠흑 같은 터널의
꿈에 널어
국경의 밤에 철로마저 끊겨버린
어둠 속으로 가는
청춘은 나에게서
가도 가도 끝도 출구도 없는
집으로 향한
눈이 내리는 길을 걷는다

겨울 이야기 4

우거진 숲 사이로 세차게 부는
밤새 이를 가는 밤은
홀로 길을 걸으면
바람이 낯설게 느껴지고
바람 속에
숨은 영하의 한기는
시린 뼈 속을 깊이 자극하여
생각지 도 못 한
한줄기 빛도
찾아볼 수 없는 골짜기에
오기만 생기고
잠 못 이루는 호수 가에는
외롭게 보이는 달빛 그림자
하나 뿐 이랴
복 받치는 설움을 어찌할 수 없어
흐르는 눈물은
참을 수가 없었던지

기우는 달을 보았는지 모르지만
아무 것도 아닌 것처럼
혼자 말을 되뇌기며 겨울밤
마주치는 바람은
굴러버린 차가운 절망에
귀가 시리다

겨울 이야기 5

새벽녘
서슬이 퍼런 하늘아래
아무도 알지 못했던 일이 생겼다
이 땅에 오적이 생겨서
몸서리 치도록
인륜은 저버리고
살육을 일삼아서
한을 지니고 살아가게 하고
천륜을 저버리도록 왜곡시켜서
이를 악물고 살아가라고
세월을 덧없이 흐르게 하는 이
너는 누구란 말인가
일출에서 시작하여 일몰까지
근본이 있으면 안다고
통곡하며
가슴이 답답하기만 하고
주저앉아 울고 싶을 때가 많았는데
그날은
이제 와서 생각해 보니
지금 세상에 살아 있는
누구에게도
간직해야할 소리인가

겨울 이야기 6

하늘로 가고 싶어 하는
겨울나무가 있다
겨울나무에는 열일곱해 동안이나
말라버린 겨울이
바람을 등지고 하늘을 바라는
몇 안 되는 나뭇가지 끝에서
허공을 부리로 쪼아
굴리는 새의 울음처럼
들리는 지난날의 이야기들을
하늘로 가면
하늘에 가면
겨울나무에는 꽃이 필 거야
겨울나무에는 빨간 치자 꽃이 피고
해 오름의 기쁨도
가슴으로 느낄 수가 있지
하늘아래 세상에서
숫 벌들이 반기며 모여들고
호랑나비들은 반기며
화들짝 놀라고 말거야
하늘로 가고 있는 겨울나무가 있다
초록 세상에 꿈을 이루고
하늘 해 아래
나직이 들리는 소리 있다
여기에 [극단 성]이 있다

제 4부
시 계

시계 1

원을 그리며 놀던 시계는
바늘이 솟아 일직선 선상이 될 때
밤이 무섭게 깊어버려서
우주에서 흘린 침묵을
좁은 방에 가두고
어둠을 불러 문단속 한다
어둠 속으로 파고들어
보이지 않던 그림자를 자리에 눕히고
시간은 갈수록 잊혀지는
희미한 기억들이
시계 속에 갇혀 꿈틀 거린다
어둠은 유궁한 몸으로
세월을 겹겹이 싸고 있는 시간들에
허물을 벗기려 하는지
벽이 막힌 허공을 응시하는
어둠의 힘에 저항하는
초침소리만
심장에 고동치듯 울리고 있어
정상으로 시계 톱니바퀴가
돌아가고 있어서
깊은 밤에
침묵하는 시간은
잠을 이루지 못한다

시계 2

별이 태어난 곳 어디에
휘돌아 치는 바람이 불어
나에게서 멀어져 가는 시간
살아 온 길을
한참이나 거슬러서 숲으로 가면
어린 허물을 벗고
전설 속으로 비상을 하는
불안에 떠는 나비들이 있다
나비의 숲은 떠나리
몹시도 지칠
기나긴 삶의 여정을 떠나기 위해
날개를 퍼덕이며
그리움이 있는 곳을 배회 한다
돌아오리라
세찬 바람이 불어도
다시 태어나기 위하여
태어난 이곳으로 꼭 돌아오리라
돌아오기 위해

순간에 물이 된 시간들이 흐르는
바람이 부는 강을 따라
그리움이 있는
이미 정해진 곳으로 가리라

시계 3

어둠에 질식하여
정지 된 시간들이
최초로 생성되었던 공간을 향해
미친 듯이
마구 고함을 친다

지금은 통화 중
신호음만 울리는 시간

소리는
본래의 과거로 돌아가려다
별이 떠난 자리에서
아픈 추억의 흔적을 보고
메아리가 되어서

벨소리 울리고
시간이 지날수록 점점 별은
빛을 잃어 가는데

지금은 통화 중
신호음만 울리는 시간

밤하늘
별이 빛나던 밤에
별들이 본래 과거 돌아가고 있다
초생 달만 외롭게
남겨두고
아무도 없는 것이다

시계 4

구로동 골목길을 가다가
더는 갈 수 없는
막다른 골목길을 끝까지 가다보면
철 대문이 있는 함석집에
문간방 방안에는
낡은 책상과 페인트 통이 있고
프레스 기계가 잇어서
틀에 시간을 계속 찍어내고 있다
시간이 찍히는 대로
지하철 역 가판대로 팔려나가고
나란히 줄을 맞추어
집게로 고정시켜
연예사건 매춘사건 정치사건
사건별로 값도 다르게
사람들에게 골라서 사게 한다.
돈 떨어진 사람들이
주간지만 사고

시간이 필요치 않거나
다 사 가지고 갈 수가 없이
재고로 남은 시간은
몸값에 따라 화장하거나
예를 갖추어
국립묘지에 안장한다

시계 5

솔개가 하늘을 마음껏 날고 있습니다
하나의 점으로 사라지다가
저 멀리서
시야에 나타나는 솔개는
몸집보다 넓은 날개를 퍼덕이며
꿈을 꾸고 실아와서
날개 품안을
마음 가득히 그리운 하늘로
채워버리고 말았습니다
날개 짓하며 하늘을 빙빙 돌다가
그리움 속에
하늘을 가두고
어쩔 수 없이 살아 온
삶을 돌이켜 봅니다
점차로 흐려지기 시작하고
창공을 보기 좋게 솟구쳐 나는
솔개의 꿈을 꾸었습니다.
솔개의 부리 끝에서 비치는
검버섯을 보았습니다

불연듯 한
예감에 누군가 부릅니다
순간 숨어버린
창공 속에서
꿈이 불안해지고 있습니다
텅 빈 하늘을 바라보았습니다
솔개는 하늘 높은 곳으로 날아갔고
하늘은 높아만 보입니다

제 5부
옹이

옹이

오늘에
이르러 일깨우기를 위해
합한 이들이
뜻을 살라며
화냥질하다 들킨 낫 달을 닮은 여인이
숫기도 없이
숨을 주이며 살더니
천벌을 받아서
사랑은 홀로 자맥질 하고
그리움에
지르는 외마디 소리가 곪아터지고
화농자국만 남아
배냇병신으로 세상에 태어 날
천년을 하루같이
간헐적으로 토해내기만 하는
검불은 울음소리
들린다

벽 보

겨울이 슬픔을 늑골사이에
품고 있어서
사방에는
벽이 막혀 슬픔은
알이 되고

전설의 한 가운데
하늘을 날아다니는
낡은 먼지의 박쥐가
깃털 없는
어깻죽지에 알을 받아 품어

부라린 눈들은 하나같이
군상들이 눈초리가 넉살을 떨며
시위를 하는 바글거리는
어둠 속 지하통로

심한 악취가 있는 벽을 타고
독기서린
바람꽃이 피고 있는
반쯤 찢긴 벽보에는
부실하신 꿈은 꾸고 있는데

지하철이 지나간 뒤에
굉음과 함께
초점 거리를 정하여
슬픔에 잠긴
뱀의 우는 소리가 들린다

벼개

흐린 날
향을 피우면 절규하는
삶과 죽음을 바라보며
오랜 시간
덧없이 흘러가는
세월만큼이나
설음보다 더한 아픔을 호소하는
나의 눈동자의
초라함을 보며
사라져 가면 찾아오는
한평생 지니고 싶은
꿈처럼
한이 맺힐만한 미명의 서글픔인가
적막한 어둠 속에서도
높새바람은 분다

달동네

달동네에는 보름 지나
애환을 삭히다
절로 허물어진
축대위에
바라만 보아도 달이 있다

외진 곳도 보이는
허름한 담의 경계선에
이지러진
달그림자 길이만큼
시름은 구만리

삶이 빈곤하더니
생활에 쪼들려서
밤새 들리는 슬픈 웃음소리
끝내 떠나지 못하는
마음이 그래도

달은 차고 기울며
보름마다 풍성하여
판잣집이 있는
정든 골목엔
바라만 보아도 달이 있다

비둘기

양지를 잃어버린 숲을
떠난 비둘기는
욕망의 늪에 있는
오색의 가로등 사이를 난다
세월 사이로
빛바랜 색이 바른
가로등의 불이 켜지면
잊을 수 없는 사랑을 찾아서
본능 적으로
날개 짓을 하는
잿빛색깔의 깃털을 날리며
날고 있다
태양이 빠져버린 구멍을 향해
하늘 한가운데로
사라져 버리는 순간에
땅거미가 진
숲에서 성난 비둘기는
꾸꾸르르 륵
울음소리가 난다

오래된 우물

오래 된 記憶들이 햇볕 앞에 서서
오한에 몸을 떨면서
돌이킬 수 없는 記憶으로

조금 남아있는 양지로 향해
발광하는 눈을 깔고
고양이 발소리 죽이며 찾아 든다

섣달 그믐날이 지난 어제에
記憶 속에 숨겨진 보물을 찾으려는
도시는 聖域이라도 멀리서

전설이 만들어진 도시가
잊을 수가 없는
잊을 수 없는 記憶속에 있다

폐허가 된 聖域의 도시에는
군왕의 호탕한 웃음도
사라지지 않는 위대한 궁전이 있었고

솟을 대문이 있는 古家에 있는
오래 된 우물에는
스스로 우물에 빠진 달이 있다

만남

군번 없는 순결한
무명용사의 서글픈 목숨을
소리 결에
사정없이 묻어버렸던
무심한 삼천리라고
만 여기고
눈물을 뿌린 155마일

젊음의 뜨거운 피가 흐르고
혈육의 정이 남아있는
목이 메는 시선을 따라
사연들을 잊혀지는
같은 하늘아래 아직도 남아있는

그리운 이름들이
잊으려 해도 잊을 수 없는
그리운 얼굴들이
기다림에 지쳐버려는
이 시간이 흐른다

눈물 어린 감격 속에 들리는
그 낯익은 목소리
어쩔 수가 없어 기다리기만 했던
기다릴 수밖에 없었던
그리움의 순간들이
떠오르는 해를 맞아
이글거리며 서성대다

고니

음악이 있어야 했다

바람 부는 강가에는 갈대가 있어
흔들리는 갈대를 따라
불어대는 바람에 풍기는 물비린내
하얀 깃털을 날리며
우아한 춤을 추는 여인이 그리워지고

백야가 펼쳐지는 끝없는 설원에서
어렴풋이 들렸던
여인의 웃음소리를 느끼고
계곡의 물 흐르는 소리처럼
검은 부리 끝을
예민한 감각으로 자극하면서

귀족의 품위를 유지하지만
나는 강가에 도착하면
지친 몸으로
음악을 들으면서
악보에 정해 준 포르티시모를 따라서
수면 위로 부상을 하는
물고기의 눈을 찍어낸다

송충이

섬에 있는 소나무 숲에
사는 송충이는
판도라의 상자를 갉아먹고
스스로 웃고는
노여운 하늘을
안고 있는
밤의 바다를 바라본다
밤의 바다는
고요하기만 하는데
내가 누군지
알 수가 없었던
송충이는
솔잎대신 갉아먹은
판도라의 죄악 때문에
푸른 옆구리에는
푸른 독이 퍼지고 있다

제 6부
기도

기도

비가 온 뒤 개 인 날
하늘이 높아서 유난히도 하늘이 높아서
맑은 하늘을 쳐다보고
까만 씨앗은 눈망울을 초롱이며
눈이 시리도록 쏟아 붓는
햇살을 받고 있다
비가 억수로 쏟아졌던 어제는
애써 받은 씨앗 한 알이라도
잃어버릴 까
화단에 피워있는 나팔꽃이
아무 말 없이
허전한 마음 한구석을 쓸어내리고
시들어 가는 초라함이 싫어
외면해 버리고 싶은 뭇시선을 받고는
다시 보지 못 할까
하늘에 계신 아버지께
아주 작은 소망을 이미 받아버린 은총을
다시 한 번 주소서
두 손 모아 기도하고는
하늘 높은 곳에서 비춰주는
햇살을 받으며
이슬이 진 잎 새 사이로
자꾸만 눈물을 떨군다

귀향

노을이 지는 언덕너머에
솔밭을 따라
휘적이며 가는 새야
솔밭 길을 따라
골짜기로 흐르는 실개천을 따라
꿈을 꾸며 날아와서
새 삶을 찾았는지
험한 바람에 실려 바다를 나를 때는
기력도 없어 보이고
갈증을 이기지 못해서
날개 죽지의 살이 뜯기고
섬을 돌아
저녁에 흙냄새를 맡을 때는
피를 쏟았다는데
세상을 살아가는 희망은
아무도 기억하려는 이가 없는

고향에서 마음 편히
세상을 살아보려고
어디선 가 날아 온
이름 모를 새야
솔밭 건너 편
산에 있는 산봉우리는
숨이 턱에 차도록
올라야 한다

낙타

바람이 부는 거리에서
사막의 낙타는 목을 빼고서 돌고
마치 구도자의 고행으로
능청맞은 일을 이해하는 것처럼
뜨지 못한 눈으로
터널 속을 바라보고
눈 속을 비워두었다
거리는 황사가 섞여 있는
발랑거린 꽃샘바람이
가만히 낯선 도심 속으로 불어
차마 부끄러워 생각함에
눈을 뜨기도 어려웠지만
슬픈 사막의 낙타는
오색 무지개 뜨는 언덕에
어느 새 피어오르는
신기루를
어깨너머로 보았다
무척이나 거리가 한가로웠다

파랑새

섬에 살고 있는 파랑새가
있다하기에 밤이 늦도록
T.V를 시청하다가 졸음에 못내 겨워서
잠이 들었더니
새가 죽었다
T.V를 외면한 심야시간에
짝을 잃은 슬픔이
끝없는 절망 속으로 추락하여서
파랑새가 죽었다
슬프다. 내가 갈 수 없는 길을 가기위해
잃어버린 슬픔을 찾아 가는 듯
새는 슬픔이 온 몸에 번저서
심장과 신장이 부어오르고
가슴팍의 피부는 파랗게 멍이 들고
허공을 응시하고 있는 눈이
죽어버린 이유가
무엇인가를 열심히 설명하고 있지만
난 아직도 잠에 취해
알 수는 없었다
T.V의 전원을 다시켜도
섬에 살던 파랑새가 사라졌는지
알 수가 없었다

하얀 새 1

하얀 새가 하늘을 날고 있습니다
하늘에서
까만 점으로 사라지다가
시야에 나타나는
하얀 새는
몸집보다 큰 날개를 퍼덕이며
꿈을 꾸고 살아와서
미움만을
가득히 가슴 속에
채워버리고 말았습니다
하얀 새의 날개 짓은
슬픔 입니다
오래 전에 창조되어
정지되었던
모세가 족속을 이끌고 갔던
광야에 있는
메마른 땅을 보고 싶어서
못 견디게 보고 싶어서
돌이키고 싶지 않는
슬픔을 되뇌기며
어쩔 수 없이 살아 온 삶을
돌이켜 봅니다

하얀 새 2

하늘은 점차로 흐려지기
시작 합니다
하얀 새는 꿈을 꾸었습니다
하얀 새는
부리 끝에서 비치는
검버섯을 보았습니다
볼연 듯 한
예감이 들었습니다
하늘에서만 빙빙 도는
물고기 한 마리가 흘리던
탄식입니다
씹히던 웅덩이에 있는
포도와 무화가의
조화로운 어울림처럼
환한 사상 밝기는
셀렘이어서
꿈을 꾸었습니다
하늘 높은 곳에서
들리는 음성이
셀렘을 들었습니다

풍경 1

해가 뜨는 동쪽으로 달려가며
울부짖는 늑대들이
눈이 내리는 벌판에 다다르면
들리는
어린 송아지의 울음소리

생각하면
눈시울이 붉어지기만 하는
오후 날
겨울 속의 슬픈 이야기
말없이
한동안 잊고 지냈었는데

여인의 어깨선을 타고 내리는
흐느낌을 묻혀서
들리던
피리소리가 남아 있는 허전한 마음
왠 일 일까

봉분들이 모여 있는 벌판에는
햇볕 드는 양지도 있고
전설이 남아있는 음지도 있는
쓸쓸하게 느끼는 잊고 지나던
지난날들이 있다

풍경 2

광교산 시루봉에 올라
앉아 보니
바람이 수상하다
어제만 해도
멀리서부터 숨을 죽이며
서성이던 가을이
건넌 산
숲 속에서 술렁거린다
바람 때문 인가
청솔가지 소복이 쌓인 오솔길을
오가는 청솔 모는
미리 알았는지
발놀림이
무척 바삐 움직이는데
세월을 재촉하는
바람소리는
극성스럽게도 몸서리치고
떨리는 울음소리가 들리고
어이하랴 긴 한숨
고함치는
함성소리가 들린다

어느 연주회

인간이 생명이 되어버린 예술은 살아있다 생동감이 넘치게 살아있다 나는 호흡을 가다듬는다.
천천히 아주 천천히 주위를 살핀다. 하얀 새가 날고 있다 월계수 이파리를 물고 평화롭게 날다 갑자기 곤두박질치는 소리가 난다. 하얀 새는 높은 파이프에서 나온다. 뒤를 따르는 천 마리의 새가 하얗게 날고 있다 구름이 되어 버린 새의 소리 오 세상에 웅장하고 섬세하게도 나를 파헤치는 소리 야릇한 세상에서 불을 보듯 일어나고 죽어가는 청중이 있다 나는 높은 소리가 낮은 소리와 격돌하는 전장 어둠 속을 비호처럼 날아서 다니다 마침내 지붕을 어버린다 나는 새가 되어 하얀 새가 줄곧 찾는 구치소로 간다

소풍 가는 날

바람이 멎는 날. 세상 사람들은 사는 세상을 살아가는 소리를 내며 살아가고 세상을 살아가는 소리들은 불법 개조한 화물선 구석. 돈벌이에 혈안이 되고 아무 소리도 없이 자기 자신만을 탈출하려는 선장과 구조선을 모르는 선원들에게 내몰려 실망하던 자신을 져버린 아까운 우리 아들딸 들아! 삶의 무게 중심을 잃고 침몰해 버린 세월호처럼 자신에게 불리한 불행을 참회하고 회개한다. 비가 오던 날. 비가 오는 소리가 마치 열정적인 육신을 갈라 먹고 지르는 소리 같기도 하다고 하는구나. 비만 오면 울부짖는 소리가 숨어들었다가 다시 들썩이며 숨을 몰아쉬는 통에 잠을 못 이루고 다음 날에는 머리만 아프단다.
사는 것이 꿈에 흩린 것인지 환각에 취한 것인지 야릇한 웃음을 흘리는 통에 오해만 사고 전봇대 근처를 할 일 없이 서성대지 않나 천근이나 늘어지게 붙은 눈꺼풀을 붙이고 "미친 짓이다. 미친 짓이다." 중얼대기나 않나 그러다가 해가 나면 괜찮다가 또 비가 내린다. 또 잠을 못자고 또 중얼거리는

해바라기

아침 햇살이 눈 부시다. 인사동 골목에는 고호의 해바라기가 피고 눈 부신 햇살을 받아 마신다.
노란 꽃 이파리에서는 곰삭은 세월의 냄새가 배어있어 정겹지만 인사동의 아침은 무덥기만 하고 고갱은 인사동의 골목을 떠났다. 바람 속에서 귀동냥하여 들은 소리라면 해바라기의 노란 빛깔에 심한 질투의 독을 묻혀버렸다고 누군가 하는 말이 인사동 길의 한 모퉁이에 앉아 고호는 고갱을 그리워하며 귀를 잘랐다던데, 노란 해바라기의 독에 중독 되어 버린 피는 노란색 일거라는 착각에 빠져버렸던 거야. 내가 한 거라고 아무것도 없는데 명작이라는 거야. 그러니까 눈이 부시도록 노란 피가 고호의 귀에서 흐르고 있었던 거다 이거지. 명작이니까, 잘린 귀는 하얀 붕대를 감아 붉은 피를 묻혀놓았지. 그리고 화폭에 고호의 일그러진 얼굴과 같이 그려졌지. 고호의 해바라기 옆에는 고호의 일그러진 얼굴이 걸려있고 곰삭은 세월은 하늘로 가는 문 옆에 걸린 달력 속에서 몹시 닳아빠진 바람이 되어버렸다는 거다.
인사동 골목에서

인생

노을이 뜨면
석양을 등지고 가던 님의
구성 진 곡소리는
황망히 사라지고

북망산에 두고 온
억 겹의 슬픔이
그리움 되어
서서히 다가온다

그네들의 가슴엔
불태워서 돌아누운
영혼의 그을음이
남아있어서

침묵하며 사느니
마흔 다섯 해는
부질없는 세월
못내 아쉬움인가

조화

눈이 내리는 겨울을 본다
겨울 세상에
달빛 사연들이 곱게 쌓인 눈을 쓸어버리는
아침이 되면
안개가 미처 가시지 못해
얼룩 진 거울 속에서
검은 먹구름에 갇혀버린 하얀 겨울은
벽화 속에 남은 그림
지나간 기억들이 마른 종이처럼 부서진
벽안의 미라처럼
하얗게 탈색되어 버린
겨우내 마주 보고 살았던 자화상을
좁은 공간에 버려버린
초라한 주검이 되어버린 걸까
바람이 불면
천년을 절로 한숨으로 지내며
곰삭아 버린 외로움처럼
버려진 채로
안개꽃은 장미꽃 주위에서
말없이 꼼지락거리는지
그래도
쉽게 말라버린 향기를 기억하는
겨울을 본다

월정리역

달리는 기차는 선로 위에서
선회를 하며
고향의 향수를
그렇게도 낯선 지방에 쉽게 버렸는지
세월의 채취가 배여 있는
철길사이 박혀있는
검은 자갈들
지워지지 않는 검은 기름때가
그 중 하나
어쩌면 증오일 거다
바람은 매섭게 전선줄을 울려도
얼어붙은 시그널이
발광하는 소리가 없어
잠시 후에
소리 없이 작동하는
돌아가지 않는 시간
인적이 끊긴 산골 속에
외로움에
나신(裸身)이 뒹구는
월정리 역에서
어제 떠난
기차를 기다린다

제 7부
사모곡

사모곡

두 손 모아 빌어서
섬긴 조상임 혼백을 불러
정화수 한 사발에
지지리도 못난 자식이 잘되기만
빌고 또 빌던 어머니

저 산에 두견이 슬피 우니
그 모습이 그리워
못미더운 자식 생각만 하고

한 마리 학이 되어
서산으로 곱게 날아 간
아래 삿갓집에 자리를 괴는
구진 날에

상한 마음을 태우며
상여 타고 곱게 가시 던 날
못 내 그리워서
하도 그리워서

사모하는 마음인데
학이 쉬이 날아들지 않고
정 그리워하며
저 산에 두견만 슬피 우네

태풍

바람 안에 있는
돌풍이 불고
바람 밖에 있는
광풍에 밀려
바다 건너 멀리서 바람이 불어
어미 잃은 소가 울고
새끼 잃은 돼지가 울부짖는다
아무리 울어도
가운데 비가 내리고
한탄소리를 낸들 어찌하나
절로 나오니
바람이 부서지고
바람이 찢어지는 소리 지르고
번개가 발광을 하는 모양새로
천둥이 울부짖는다
밤새 불어 대는
바람소리에
사람이 초라해지는데
가뭄이 부지할 수 없고
살길이 막연한데
그냥 바람이 분다
끊임없이 바람이 분다

성화 1

눈이 내리는 겨울을 본다
아침이 되면
하얀 눈을 쓸어버리는 아침이 되면
안개가 미처 가시지 못해
얼룩 진 거울 속에서
검은 먹구름에 갇혀 버린
하얀 거울은
벽화의 그림 속에 남은 거울
지나간 기억들이
마른 종이처럼 부서진
영화 속에서 본 벽안의 미라처럼
하얗게 탈색되어 버린
마주 보고 살았던 자화상을
좁은 공간에 버려버린
주검이 되어 버린 걸까
바람이 불면
천년을 한숨으로 지내며
곰삭아 버린 외로움처럼 버려진 채로
안개꽃은 그 많은 꽃들 중에서
장미꽃 주위에서 만
꼼지락거리는지
그래도 쉽게 말라버린 향기를
기억하는 겨울을 본다

성화 2

보면 볼수록 선명하게
세월의 초연함으로
동심으로 살아있는 모습인가
들여다보면
꿈이 머물다
자리를 떠올리며
고운 입가에 배어 든
미소는
꿈에라도 잊을 수 없었던
어머니
그리웠던 그 날
떠오르는 시선을 놓치면서
하고 싶은 말을
하지 못하는
침묵을 지닙니다

인상파

살다 보면은 억장이 무너지는 일이
무척이나 많을 거야
광야에서 기도하는 마음은
하나님 아버지를 애절히 부르짖고
온 몸 근육에 경련이 일어나
가슴이 답답하면서
주저앉아 울고만 싶을거야
피육에 피가 거꾸로 쏟아질 때는
이를 악물고
심장에 전율이 느껴질 때에
울고 싶으면 울어야지
벽안의 미라가 돼버리고 싶을 때도
소리를 묵음으로 맞혀서
통곡을 하는
알리바이는 녹취하여 가며 울어야지
살기 위해서
그렇게라도 하지 않으면
한달 서른 날에 미쳐 버릴 거야

처음

아침에 날이 밝으니
길 가에는 잦은 잔돌이 하도 많아
머물수록
세상이 밝아 오고 있다
환한 세상
먼 산은 첫눈이 맺혀있어
잘 보이고
주리를 틀고 있는
원앙 한 마리가
상큼함이 있는 것은 아닌 것이다
많은 세상 가운데
한강물도 있는 집에
말없이 섬기어 가는 꼴을
잊고만 살던
자신이 원망하듯 바라본다
그러나 물은 흐른다
위에서 아래로 힘들게 흐른다
중간을 지나서 흐르고
숨긴 돌 사이로 지난다

원앙 한 마리
자태를 안고 날아들어
한낮 햇볕을
꿈에 안아
물속에
숨긴 희망을 물고
귀한 척하며 몸을 뒤척인다

가시고기 1

너를 사랑하기에
아비의 깊은 가슴에 속마음을 알고
이런 사랑을 하느니
가시를 가슴 깊이 묻어가며

해를 지는 저녁 무렵까지
슬픔을 비워가다가
수초사이에서 자란
본능으로 가득 채우다보면

새벽녘에 동녘이 트이는
새로운 아침이 되고
생명이 트이는 때가 되어서
세상을 알게 되리니

사력울 다한 혼신의 힘으로
이름을 부르며
둥지 안에 생긴 빈자리에 살기 위해
알에서 깨어나거든

아쉽게 흔들리는 이름에
주검을 흐트러진
차디찬 모습으로 차갑게 앉아서
나의 주검을 뜯어먹어라

가시고기 2

나는 가시고기를 위해
온 몸에서 참회의 눈물을 흘리며
산허리를 감고 오르는
물안개를 보았다

수초에 밀려 떠다니는 몸을 뜯겨도
가시만이 라도 남아서
무지개 뜨는 언덕에 가려는
영혼을 보고

산을 오르고 있는 물안개가
참회의 눈물을 흘리는가를
내가 어떻게 모를 수가 있었는지

신비로운 탄생을 위해서
죽음이 되는 사랑을 할 수 있는 지
그럴 수가 있었는지

주검을 먹어버린 치어들이 소리를
귀담아 들을 수가 있었는지
알 수가 없는
쓸쓸함에 젖어버린다

제 8 부
들풀

청 어

험한 해일에 밀려서
힘을 잃은 청어가
바다를 등진 그날이후
바다에서 떠도는 소문과 달리
반사(半死)된 상태로
대형 쇼핑 코너에 출연 한다
정가 매긴 꼬리표가 달려있다
바다의 이야기는
경쟁을 벌이는 사회에서
불의에 사고로 생긴
불만을
응고된 핏덩어리들이 고통을
호소 하지만
할인 매장에서
실내에서 영하를 유지하고 있는
얼음덩어리들 위에 뉘어서
물비린내를 물씬 풍기고
알몸을 뒤척거리고
툭 부라린 눈앞을
좌우로 굴리는
청어는 쇼핑 코너의 이방인이다

들풀 1

삼라만상의 모든 것들에게
맑은 눈빛을 마주치면
사랑을 하고
선한 투명한 눈짓으로
삶을 살아가기 위해

음양의 이치를 알아보고는
바람 소리를 들어 보는
사랑을 하는 이가 없어도
사랑을 받지 못해

외롭거나 쓸쓸하다고 하면서
서럽게도
울어 버린 적이 없는데
오해하는 마음이
새로 생긴다 하여도

한결같은
하잘 것 없는 마음에
바람이 불면
자꾸만 바람이 불면
이젠 서글퍼서 어찌 할까나

들풀 2

가을이 지나가는 자리에서
늘 그랬던 것처럼
바람이 불면 일어서고

숨소리도 차분히 고르게
생명은 익어 가고
대지는 땅거미가 지는데

자랄 수 있는 만큼 다 자란
여문 생명들은
바람이 불면 떨어지려나

가지가 남아있던 이파리사이로
반쯤 벌어진 밤송이들이
바람 불면 가을이었구나 하고

제철이라고 울긋불긋 함성을
가슴이 메도록 힘껏 지르며
하산을 하는 오색 단풍들은

속으로 푸른 생기를 불어넣고
이루지 못한
반란을 꿈꾸고 있습니다

들풀 3

바람만이 불고 있는
폐허가 된 초가가 있는
한 벌판에서
물을 찾아 헤매는
야생 늑대의 굶주림을 보았다
바람이 분다
들과 산에 눈이 내리고
바람이 불면
슬픈 울음마저 말라버린 늑대는
사흘도 더 시달린
북풍의 차디찬 소리가 두려웠는지
불안한 기색에 응시하는 눈으로
바람 속에는 또
다른 바람이 있다고 하는 거야
바람 속의 바람이 불면
야성을 잃어버린 늑대는
제 몸 하나 견디지 못하고
지쳐서 쓰러지고

냉혈로 변해버려 울부짖은 심장은
절규하는 모습으로
바람 부는 대로 따라 가더라도
보름날이라 굳게 믿고
벼랑에 서면
짖어 댈 달을 찾는다

들풀 4

남산으로 가는 길
잔걸음이 닿기 전에
석양이 지면
돌계단에 드리워진 그림자 아래
세월에 지친
그리움이 하나 남아있다
남루한 옷차림에
까만 눈동자를 굴리며
두리번거리는
한 중년이 됨직도 한
세월의 초점을 응시하는 자리도
지나치기 쉬운지
남의 눈에도 잘 뛰지 않는
그리움이 있어
돌계단 사이에서 나지막한 목소리
들릴지 라도
말을 걸어 보고
해마다 그리움을 걱정하고 있지
밤하늘에 별들이 모여들고
밤이 다 지나도록
숲속에서
나무에게 꿈을 날린다

우천 雨天 1

이 땅에 비가 내리면
해오라기가 나는 시간에
언덕 빼기에 올라
그늘이 진다

삶을 쉽게
적응하지 못하는
막힌 세월을
한 꺼풀 벗어버리고

눈망울을 적시며
피어나는 생명들은
시간을
잉태 한 채로
힘겨운 부활을 하는데

비가 내리고 나면
우울한 모습이 지워진
어제는 가고
침묵을 하는
대지위에 다시 선다

우천 雨天 2

로마의 휴일을 잊어버린 사람들이
분주하게 찾는 극장에는
언제나 비가 내린다
비가 내려서
계단을 올라 간 자리에는
세월에 시달린 바위에
암각화가 새겨지고
흙탕물 발자국엔 무늬 결을 따라
아직 해독을 하지 못 한
상형문자가 선명히 박히고
벽과 벽 사이에는
하얀 여백
잃어버린 왕국에서 하루를 지난 후
시간에 쫓겨 막 도망자가 된 사람들이
비가 오는 거리에서
극장 광고판에 박혀서 왕녀가 된
여배우 오드리햅번을 보고
흘겨보며 웃고 있다

우천 雨天 3

그 옛날 억수비가 넘치던
울부짖는 소리가 나던
애를 끓이던
예 나루터 이였든가

산자 와 죽은 자들이
죽은 것과
살아 온 길의 자취 이였든가

죽은 자의 침묵 속에 무훼무훼
산자의 공허한 소리들의
발가락의
벌거숭이의 울림인가

이곳은 금단의 지역
침묵의 무덤들은
숨소리만
즐비하게 살아 있는 곳
새롭게 금줄을 묶어 놓아서
다시는 살아도
억지를 부리는 소리가 없음을
수시로 확인 한다

우천 雨天 4

이른 봄 새벽부터 내리는 비는
시간 가는 줄
정작 모르고
단순히 늦은 밤 늦게
자정에도 내리고

비가 오는 소리를 들으면
밤이 잠든
고요 속에서 잊었던
그리움에 젖어 버리고

깊어만 가는 비가 오는 밤에
세찬 바람 불어오면
못내 서러워
설음에 젖어서 울어버리고

어둠 속에서 잠을 못 이루는
궂은비가
어둠을 적시며
끝없이 바람이 불고
끝임 없이 내린다

수선화 1

순이야 땅의 흙내 음이 가슴속으로
촉촉이 젖어올 때
속껍질에 쌓인 허물을 벗으려
섧고 서러운 눈물을 다 흘리면서
님을 찾아
십오리도 넘게 헤매던 슬픔이
순식간에 눈 녹아내리듯
사라지고
바람이 불면
수심으로 가득 찬 얼굴을
상기시키며 밝게
한 점의 오점도 없는 수려한 모습으로
눈부신 햇살아래
저녁놀이
가녀린 줄기에 피어 난 꽃봉오리
아무 말 없이
슬프도록 고운 꽃잎파리의 자태에
그대로 연주를 한다

수선화 2

슬픔이 서늘하게 깃들은
수심이 가득 찬 얼굴로
정원 한가운데
네가 피워 있음을
연약한 몸으로
얼었던 땅이 녹아내리고
산골 속
개울 물소리 힘차게 들리면
촉촉한 흙에서
겹겹이 쌓인
뿌리의 허물을 벗으려고
세상을 잊어버렸기 때문인가
향수에 젖은 눈으로
님 그리워
그러는 건가

하늘에서 내려주는 햇살의
축복을 받으며
개화를 하고 나면
순박한 모습으로 반하고
줄기에 피어난 꽃봉오리는
햇살을 하얗게 받아
금관을 받친 하얀 꽃
이파리가
슬프도록 곱기도 하구나

별

사랑이 얼음덩어리처럼
식어버려
이별하기에
나를 숨겨버린 어둠이
찾아 왔을 거라고
생각할 때

침묵하는 고요 속은
무아경에 이르고
하나 둘
어둠 속에서 서서히
빛을 내리 별

한동안 까막게 잊어 버렸던
시간들이
하나 둘
잊혀진 빛을 찾아가고
있는 거라고

하루가 또 지나면
하나 둘
별을 헤는 마음이
밝아질 거라고

밤이 되리라고
아름다운 빙점이 밤이라고
술래잡기를 하면서
들어가는
소리를 낸다

산 불

원시 적부터
우거진 숲길 사이로
한줄기 빛도 찾아 볼 수
없는 골짜기에

절망을 세워서
한참이나 맥없이 바라보니
바람 부는 날
소리로 읊으며

뿌리 내리는 미인도
마지막 연에 남아 있을지 도
욕망의 재만 날려
바람이 불고

바람 부는 숲길에는
겨울이 없다
분노하는 조그만 부정을
우울해 지고도 남을 겨울이 없다

골짜기에 남아있는
차갑게 식어버린
숲길에 바람만 몰아 불고
거리는 돌멩이만 있다

임병무
호는 石松. 경기도 수원 출생. 문예시조로 등단.
삼일실고, 한성디지털대학교 졸업, 협성대학교 대학원 수료.
수원 문학상 작품상 수상.
시집 『패랭이 꽃』 『초록 세상의 꿈』 『세상살이 한마디』

임병무 시집

세상살이 한마디

2024년 2월 20일 초판 인쇄
2024년 2월 28일 초판 발행

저 자 | 임 병 무
발행인 | 이 승 한
편 집 | 임 선 실
발행처 | 도서출판 엠-애 드
등 록 | 제 2-2554
주 소 | 서울시 중구 마른내로 8길 30
전 화 | 02) 2278 - 8063/4
팩 스 | 02) 2275-8064
이메일 | madd1@hanmail.net

ISBN 978-89-6575-176-2(03810)
값 15,000원